了不起的故宫

神奇红房子

有鱼童书 著/绘

化学工业出版社

·北京·

图书在版编目（CIP）数据

神奇红房子 / 有鱼童书著、绘 . —北京：化学工业出版社，2020.9 （2023.7重印）
（了不起的故宫）
ISBN 978-7-122-37470-7

Ⅰ.①神⋯ Ⅱ.①有⋯ Ⅲ.①故宫－北京－少儿读物 Ⅳ.① K928.74-49

中国版本图书馆 CIP 数据核字（2020）第 139654 号

责任编辑：张　曼　龚风光　　　　　　内文设计：朱廷宝
责任校对：宋　玮　　　　　　　　　　　封面设计：尹琳琳

出版发行：化学工业出版社（北京市东城区青年湖南街13号　邮政编码100011）
印　　装：天津市银博印刷集团有限公司
787mm×1092mm　1/16　印张6½　字数100千字　2023年7月北京第1版第9次印刷

购书咨询：010-64518888　　　　　　　售后服务：010-64518899
网　　址：http://www.cip.com.cn
凡购买本书，如有缺损质量问题，本社销售中心负责调换。

定价：39.80元　　　　　　　　　　　　　　　　　　　版权所有　违者必究

名家推荐

"了不起的故宫"系列富有知识性和趣味性,当孩子们打开这套书时,那些枯燥的建筑和历史知识立刻变得立体和鲜活起来,变得有品质、有趣味、有美感,我们可以把故宫带在身边啦!

——国家"五个一工程"奖、全国优秀儿童文学奖、国家图书奖、冰心儿童图书奖获得者,著名童书作家 王一梅

故宫不仅是一座古老的宫殿,更是中华文化的至宝,它穿越时空,沉淀丰富的文化和生活细节。"了不起的故宫"系列专门为青少年量身打造,通过有趣的故事和知识播种文化的种子,激发孩子对传统文化的热情。

——国家"五个一工程"奖、全国优秀儿童文学奖、国家图书奖、宋庆龄儿童文学奖、冰心儿童图书新作奖获得者,著名童书作家 冰波

故宫是中国最大最美的建筑宝库,中国人的营造智慧中充满了永不过时的哲学和思想。故宫的红房子里还藏着无数秘密,历史的秘密、皇帝的秘密、奇珍异宝的秘密、怪兽的秘密……这套书就像福尔摩斯,带着我们去侦破秘密。

——中国作家协会散文委员会委员,人民文学奖、朱自清散文奖获得者 蒋蓝

故宫不仅是一座宫殿,也是一部中华文明史。故宫不仅年老,也很年轻。故宫不仅是文化专家研究的殿堂,也是青少年学习的宝藏。故宫不仅是中国的,也是世界的。"了不起的故宫"系列做了一件了不起的事!

——全国宣传思想文化青年英才、讲好中国故事专家 孙敬鑫

故宫是一座神奇的建筑群，"了不起的故宫"系列精心再现昔日故宫的建造故事，有颜有趣有料，好看好读好玩！

——著名摄影家、《看不见的故宫》作者　李少白

600个春秋，72万平方米的广阔空间，近9000间房子，180余万件馆藏文物，面对如此巨大而丰富的故宫，你的探索之旅准备从哪里启程呢？"了不起的故宫"系列提供了这样的可能：和"样式雷"一起画图纸盖房子，围观皇帝一天的生活，寻找藏在建筑里的神兽，欣赏藏在宫殿里的大宝贝，看工匠们搬木材、运石头、建皇宫，还可以一起过个热闹的中国节。我相信，不只是孩子们能够从书中找到解开故宫密码的钥匙，家长们也能发现红墙黄瓦间不一样的风景。那就带上这套书，一起去故宫吧！

——考古学博士、艺术史专业博士后、中央美术学院教师、《国家宝藏》国宝守护人　耿朔

翻开"了不起的故宫"这套专为孩子量身打造的故宫百科，宛如一双稚嫩的小手推开紫禁城厚重的朱漆大门，进入穿越时空的门洞。故宫俯下身来为孩子讲述奇妙的故事，破解有趣的谜团，打开好玩的百宝箱，送上惊喜的礼物。"博物馆奇妙夜"的创意和"我在故宫修文物"的匠心，让收藏在禁宫里的文物活起来，给未来种下一颗有温度的"中国芯"，静待花开会有期！

——故宫博物院博士后　池浚

| 前 言

这座红房子有多神奇

你喜欢用积木搭房子吗？看着一块块积木在大脑的指挥和双手的操作下变成一座漂亮的城堡时，是不是觉得自己就是一名优秀的建筑师？

600多年前，在一块72万平方米的土地上，130多万名工匠，用大量上等的"积木"，搭建了一座巨大的红色宫殿。

为什么要搭建这样一座大宫殿呢？他们是在做一个有趣的游戏吗？这要从很久以前的明朝说起。

1402年，明朝的第三个皇帝朱棣（Dì）在南京登基了。可是，作为一个从侄儿手中夺取皇位的新皇帝，他面临太多棘手的问题，这让他时常感到心神不宁，也愈加想念远在北京的家。于是，他做出了一个重大的决定：在北京给自己建造一座无与伦比的宫殿，把都城迁到北京来。

1406年，朱棣开始指挥修建这座伟大的宫殿。

14年后，一座名叫紫禁城的红房子拔地而起。紫禁城大得一眼望不到尽头，是世界上最大的木结构建筑群。

在约10米高的巨大城墙的守护下，大大小小近9000间房子巧妙地组合在一起。这里大到宫殿的方位布局，小到门上的门钉，都严格遵守着礼制和规矩。更神奇的是，房子的墙壁和门、窗、屋顶、地砖都有特殊的设计，有各种各样的作用。

朱棣是它的第一个主人，之后的500多年间，明清两代一共有24位皇帝在这里治理国家。这座宫殿是那个时代中国最高统治者工作、生活的地方。

紫禁城既是皇帝的国，也是皇帝的家。皇帝的大家庭，就像一棵大树一样，有树干，有树枝，层级分明。没有皇帝的允许，百姓是没有机会进入这神秘的红房子的。

1924年，中国的最后一位皇帝离开了它。1925年，紫禁城改名为故宫博物院，逐步对外开放。现在每年都有将近两千万的大人和孩子从世界各地来看望它。

人们不仅想看这座古老的宫殿有多精美，还想从它的身上发现更多的秘密。比如：

这里为什么叫紫禁城？

皇帝睡觉需要多少张床？

火神为什么偏爱太和殿？

乾清宫旁的神秘小屋是干什么的？

东西六宫里为什么张挂"故事画"？

小皇子小公主们和爸爸妈妈住一起吗？

……

你也想知道这些问题的答案吗？那就赶紧打开这本书吧，大家一直想知道却找不到答案的问题，从未听说过、令人大开眼界的知识都藏在里面呢。看看你能不能顺利地找到它们吧！

紫禁城严格地按《周礼·考工记》中"左祖右社，面朝后市"的营建原则建造。整个紫禁城前半部分是皇帝上朝和举行重大典礼的地方，后半部分是皇帝及后妃居住的地方；左边是祭祀祖先的太庙，右边是祭祀天神的社稷（jì）坛。

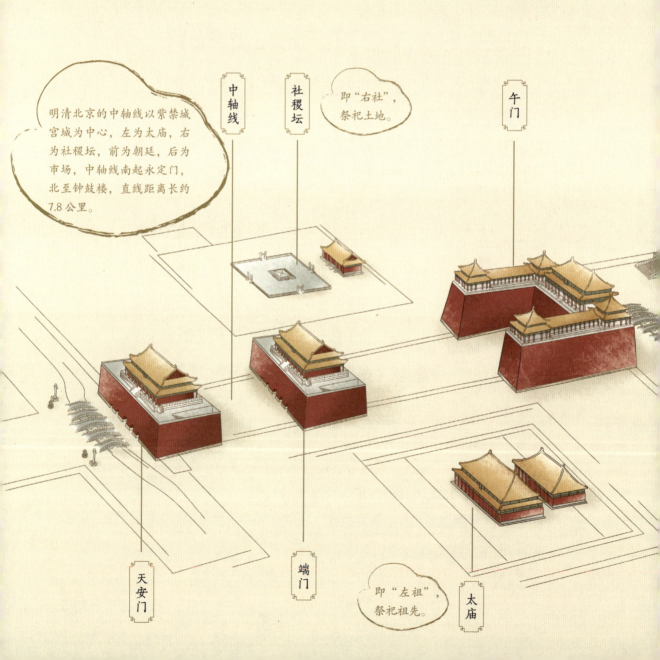

明清北京的中轴线以紫禁城宫城为中心，左为太庙，右为社稷坛，前为朝廷，后为市场，中轴线南起永定门，北至钟鼓楼，直线距离长约7.8公里。

中轴线

社稷坛

即"右社"，祭祀土地。

午门

天安门

端门

即"左祖"，祭祀祖先。

太庙

> 紫禁城以乾清门为分界线，南面为前朝，北面是后廷。前朝是皇帝"上班"、举行庆典的地方，后廷是皇帝一家人生活的地方。

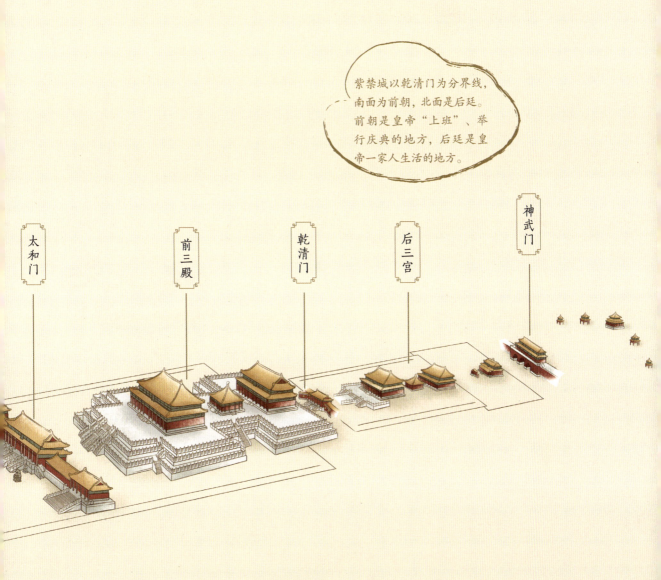

太和门　前三殿　乾清门　后三宫　神武门

宫和殿的区别

皇帝"上班"和举行典礼的地方一般称"殿"，如太和殿，这里通常和国家大事有关。一些供奉神仙的地方也被称为殿，如钦安殿。

皇帝和家人居住的地方一般称"宫"，如皇帝居住的乾清宫，皇后居住的坤宁宫，后妃居住的东西六宫。

目录

壹 皇帝上班的地方——前朝

皇帝的一天怎么过	02
像大雁翅膀的午门	06
火神偏爱的太和殿	14
太和殿广场为什么会有72座山	18
戴着宝盖子的中和殿	20
古代读书人最向往的考场——保和殿	24

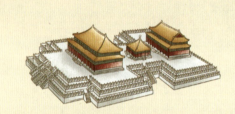

贰 皇帝的家——后宫

乾清宫匾额后的秘密	34
乾清宫里为什么放了27张床	39
乾清宫旁不能居住的神秘小屋	40
皇帝最爱的养心殿里什么样	42
加急的命令来自什么神秘机构	46
皇宫里第一次出现凤的形象	48

交泰殿里藏的"二十五宝"是什么　　　52

皇帝怎样选老婆　　　54

皇家婚礼讲究多　　　57

东西六宫里的"故事画"　　　62

后妃们在宫里玩什么　　　64

皇帝家戏楼里的秘密　　　70

一棵被皇帝"封侯"的树　　　75

叁 小皇子们的世界

小皇子们上学吗　　　82

皇子们在这里练习武艺　　　84

皇子们长大后要搬家吗　　　88

写给孩子的话　　　91

皇帝上班的地方——前朝

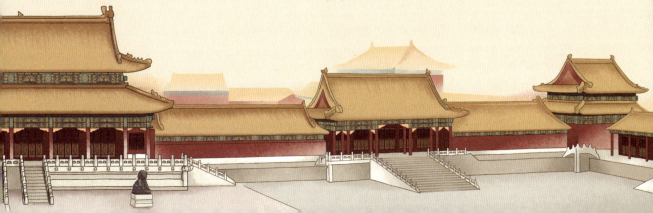

皇帝的一天怎么过

凌晨三五点,天还黑漆漆的,京城的居民都还沉浸在睡梦中,后廷宫殿里的皇帝就已经在仆人的服侍下起床了。他穿上华丽的龙袍,戴上沉沉的帽子,匆匆忙忙吃点儿早餐,就开始批阅奏章。

天微微发亮的时候,皇帝开始起身上早朝。最初,早朝的地点在太和门,后来改在乾清门。早朝是皇帝的主要工作之一。

在知了吱吱歌唱的夏天,皇帝和大臣们都穿着长长的袍服,虽然他们脸上是庄严的表情,但身上其实已经热得直冒汗了。而寒风刺骨的冬天,皇帝在没有暖气的宫殿冻得瑟瑟发抖,还要面不改色地听大臣们汇报国事。好在皇帝的座位后面会放上炭火盆,这让皇帝稍稍感觉到一点儿"暖气"。

早晨七八点,皇帝结束早朝。可是皇帝不能休息,他还要上课学习,有时也会批阅奏章和接见王公大臣。皇帝的老师被称为"讲官",会讲解儒家的四书、五经等经典,皇帝听完之后还要复习呢。

清朝的皇帝中,康熙皇帝是"模范生",他几乎每天都要听讲官讲课,有时候还主动向讲官复述一遍当天的学习内容,好让讲官知道自己理解得够不够准确。但对于童心未泯的小皇帝们来说，一大早便要看书上密密麻麻的文字，多少会感到头疼。小皇帝溥（Pǔ）仪一开始是个乖巧的好学生，但十二三岁之后，开始变得贪玩，甚至还装病"逃课"呢。

上午九点多，皇帝的课堂结束啦。这时皇帝要到后廷向自己的妈妈、奶奶请安，他要用自己的行动为天下人示范，大家都要做一个孝敬长辈的人。明清皇帝几乎都很孝顺，乾隆皇帝坚持每天向母亲问安，尽心奉养母亲42年。

忙碌的皇帝一直要到下午两点才能吃午饭。此后，皇帝会迎来一天之中比较自由的时间，那就是三点至五点的活动时间，这时皇帝大多会留在后廷的宫殿里。

皇帝们的爱好各不相同。有的皇帝喜欢写字画画，有的喜欢在园林里玩耍、看戏、喂猫、逗狗，但是也有皇帝不贪玩，他们会把握时间读书和工作。清朝的雍正皇帝便是这样一位"工作狂"，即使下了朝，他还要待在"办公室"里，批阅一份又一份的奏章，看完了奏章，还要在奏章上写一大堆批语，就像我们的老师批改作业一样。

充实的一天在太阳落山后就结束了。晚上八点，月亮已经高高地挂在了天上，皇帝爬上床准备呼呼大睡，他心里想着，明天又是忙碌的一天啊，希望今晚做个美梦吧。

圣旨是什么样的？

圣旨的材料用的是上好的蚕丝织成的提花锦缎，上面绣着精美的飞龙、祥云、仙鹤。清朝时期的圣旨由满文和汉文两种文字写成，圣旨上要加盖玉玺印章。

圣旨的颜色也很讲究，一般来说官职越大收到的圣旨颜色越丰富，颁给五品以上官员的圣旨，含有金黄、大红、咖啡、赭（zhě）、橘黄等色；给五品以下官员的，颜色多是白色的了。

像大雁翅膀的午门

1599年,明万历二十七年,被大明军队俘获的61名倭(wō)寇被押送到一座巨大的城门前。他们身上戴着刑具,披着红布,红布中间剪了一个洞,让他们露出头颅。

这座威严的城门就是午门,它是皇宫最高的建筑,也是皇宫的正门。

当天,360名将士整整齐齐地站在午门广场,好几百人的奏乐队伍,沿途的仪仗队有数万人,各种旗帜万余面,围观的群众把广场堵得水泄不通。

原来,每逢重大战争,军队凯旋时,都要在午门前向皇帝敬献战俘,这就是献俘礼。

万历皇帝站在高高的城楼上俯瞰(kàn)臣民,身材魁梧的大司寇萧岳峰带领左右侍郎向皇帝请令处决这些敌人。

万历皇帝下令道:"拿去!"

皇帝的声音刚落下,旁边的两位大臣立刻高喊:"拿去!"然后四位大臣接着喊道:"拿去!"

就这样,声音由皇帝一人,变成2人、4人、8人、16人,直至360名将士齐声高喊:"拿去!"

由于午门的平面呈"凹"字形,洪亮的声音在有限的区域内回响,如轰雷一般,号称可以声闻十里,紫禁城南永定

午门为什么叫午门?

按照中国传统文化,正北叫子,正南叫午,这座城门位于故宫中轴线南端,所以叫"午门"。

"五凤楼"

"五凤楼"是古代宫城正门的一种,上有崇楼五座,以游廊相连,东西各有一座阙(què)亭,形状如雁翅,俗称"雁翅楼"或"五凤楼"。故宫的午门有"五凤楼"之称。

门一带的人都能够听到。

京城的民众通过观看午门前这种盛大的仪式,感受到了国家的强盛。同时,这种仪式也鼓舞了军心。这正是午门的作用之一。

作为故宫的正门,豪华又壮观的午门功能可不少呢!因为它是皇宫的正门,代表了皇家的威严,每逢重大典礼及重要节日,这里都会陈设仪仗,举行庄重的仪式。

除了午门,故宫还有三道华丽气派的大门和其他形态各异的门,它们不仅仅是简单的出入口,还是皇家地位至高无上的象征物,更是古代建筑师精巧的杰作。

颁历典礼

清朝每年十月初一,皇帝都要在午门举行隆重的仪式,向全国颁布第二年的历书,又称皇历,这就是"颁历"典礼。它按中国传统的历法排列年、月、日、时和二十四节气日,老百姓照着它进行农事活动,选定良辰吉日。乾隆时期因避乾隆帝弘历名讳,改称"时宪书","颁历"则改称"颁朔"。

清 郎世宁《平定准噶尔回部得胜图》局部

午门

"春牛"入宫

每年立春那一天,地方官会将泥塑的"春牛"和金银珠翠制的"春山"抬到午门前的广场上,击打"春牛",象征春耕开始。然后,将"春牛""春山"分别进献给皇帝、皇后和太后。

西侧门供宗室王公出入。

廷杖

明朝时,如果有大臣冒犯了皇帝,让皇帝非常生气,皇帝就会命令锦衣卫用法棍打他们的屁股。这种特殊的刑罚叫"杖责",又叫"廷杖"。有些人甚至会被当场打死。

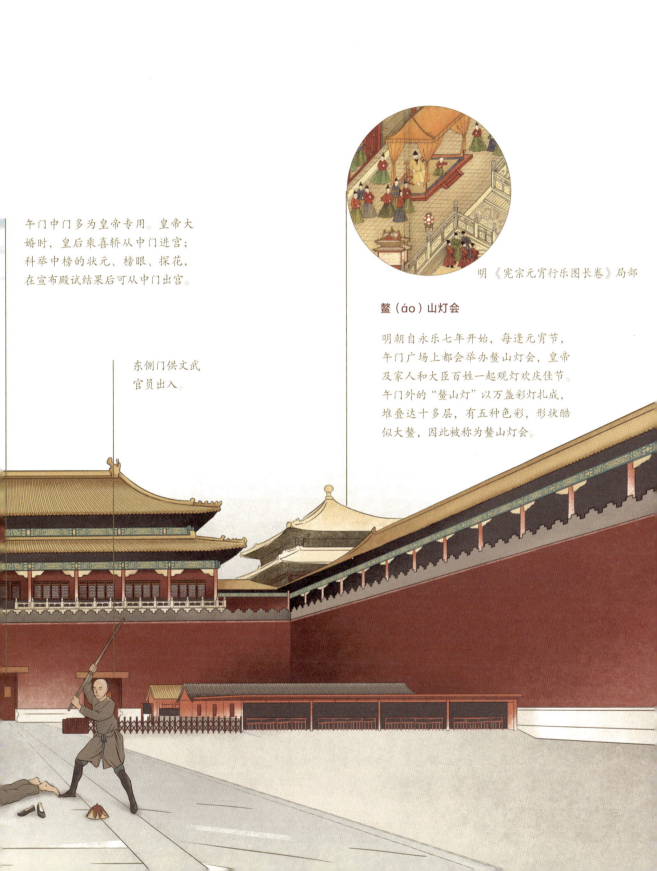

午门中门多为皇帝专用。皇帝大婚时,皇后乘喜轿从中门进宫;科举中榜的状元、榜眼、探花,在宣布殿试结果后可从中门出宫。

东侧门供文武官员出入。

明《宪宗元宵行乐图长卷》局部

鳌(áo)山灯会

明朝自永乐七年开始,每逢元宵节,午门广场上都会举办鳌山灯会,皇帝及家人和大臣百姓一起观灯欢庆佳节。午门外的"鳌山灯"以万盏彩灯扎成,堆叠达十多层,有五种色彩,形状酷似大鳌,因此被称为鳌山灯会。

故宫还有哪些门

神武门

神武门，原名玄武门。这里有报时的钟、鼓，每天有专人打钟击鼓，是宫里的闹铃。皇室工作人员和后宫嫔妃们通过这道门出入。清代选秀女时，秀女从这道门进入宫中面试。

西华门

西华门后面是皇家的大公园——西苑，皇帝出门游玩，都是经过这道门。这里平时一般是不开的。1900 年八国联军攻打北京时，慈禧太后和光绪皇帝就是从西华门出宫的。

东华门

东华门靠近太子居住的东宫，多为太子所用。此外，东华门还允许东阁的大学士、朝中退休的一、二品官员通过。

天安门

天安门由城台和城楼两部分组成，有汉白玉的须弥座，天安门原高 33.87 米，1970 年翻建后为高 34.7 米。天安门城楼长 66 米、宽 37 米。

门殿式门

这类大门外表看起来和宫殿几乎一样,不同的是门殿只有两侧的高墙,中间安装大门。有的门殿还会在左右修建八字影壁。故宫中最大的门殿式大门是太和门,另外乾清门也是门殿式门。

牌坊式门

这类门的构思来源于古代的华表,牌坊式门虽然体积小,但装饰非常华丽,用大量琉璃构件装饰,色彩艳丽,显得气势非凡,所以也称琉璃门。一般用于皇室生活起居的内廷,如养心殿的养心门。

随墙门

随墙门是开在故宫内围墙上,方便院落之间通行的大门,是将门的形式和墙壁相结合而来的。随墙门的形式有很多,有华丽的琉璃垂花门,也有简单朴素的铁门。
宁寿宫的皇极门就是随墙门的形式,在墙壁上开有一大两小三个门洞。

三大殿

太和殿、中和殿、保和殿是故宫里的建筑中心,这三幢建筑依次排列于同一高台之上,雄伟壮丽,统称为三大殿。三座大殿占地8700平方米,在故宫里自成体系,组成了一个庞大的院子。

三大殿为什么都有一个"和"字?

故宫里最重要的三大殿分别叫太和殿、保和殿、中和殿。皇帝为什么这么喜欢"和"字呢?原来太和、保和,出自《周易》,意思是保持和谐的运动规律,万物才能和谐。中和,出自《礼记》,寓意凡事不偏不倚,恰如其分,万物就能兴旺发达。

三大殿中的三个"和"字,体现了中国传统文化中最为重要的"和"精神。这也是皇帝们的治国理想——世界和谐,天下太平。

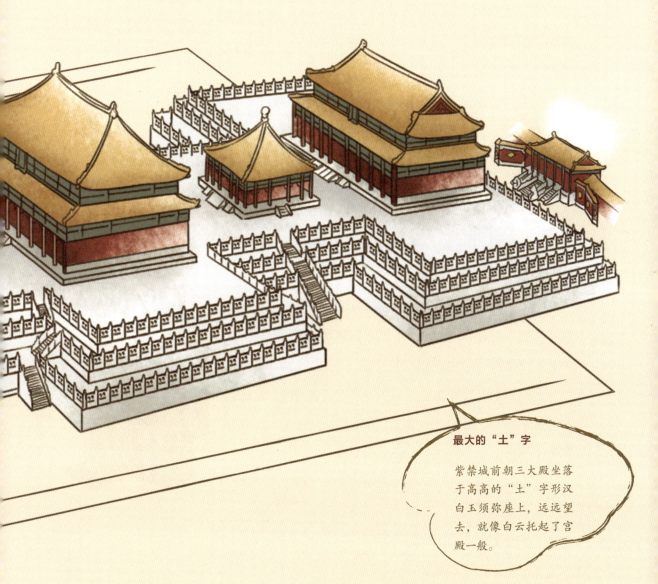

最大的"土"字

紫禁城前朝三大殿坐落于高高的"土"字形汉白玉须弥座上,远远望去,就像白云托起了宫殿一般。

火神偏爱的太和殿

太和殿是故宫里体量最大、等级最高的建筑，可以说是当之无愧的中国古代建筑之首。

可是你知道吗？我们现在看到的这座太和殿，是康熙年间重建的。在那之前，这座雄伟的宫殿可是被大火接二连三地光顾，好几次都烧成废墟了呢。

最早一次大火还得从它刚刚建成的时候说起。600 年前，紫禁城刚建造完毕，明永乐皇帝朱棣非常高兴，给这座大殿起了个名字叫奉天殿。他准备在第二年（1421 年）的正月初一，在这座大殿里接受群臣的朝贺，并向天下宣布正式将都城从南京迁到北京。

这本来是件大喜事，但有一名姓胡的官员说了一番话，惹得朱棣怒火冲天。

这名官员就是钦（Qīn）天监管时间的漏刻博士，他向朱棣报告说："根据微臣的预测，明年四月初八中午时分，宫里将有不祥的事情发生，天火将会烧宫。"

永乐皇帝听了特别生气，认为这是在危言耸听，立刻命人将胡博士抓起来，关进了监狱。可怜的胡博士在监狱中煎熬度日。

新年过后的几个月里，宫中都平安无事。到了四月初八

钦天监

官署名，掌管天文、历法等，设监正、监副等官职，钦天监监正相当于现在的国家天文台台长。

古代漏刻

中国古代的计时器。漏是指带孔的壶，刻是指附有刻度的标尺。漏刻博士是中国古代文官官职名，职能通常是进行天文历法换算。

这一天，胡博士在恐惧和绝望中自杀了。可让人万万没想到的是，就在这名神奇的预测者刚刚死去、午时三刻的时候，永乐皇帝接到奏报说，奉天殿遭到雷击起火了！

要知道，这座宫殿不过才使用了短短几个月，这场大火就把它烧成了黑乎乎的废墟。当时，国家没有那么多钱重建造价如此昂贵的宫殿。一直到19年后，朱棣的曾孙明英宗朱祁（Qí）镇当了皇帝，才开始重建宫殿。

1562年，奉天殿重建完成，宫殿的名字也被改成了皇极殿。没想到，这之后又发生了两次火灾，皇极殿也被烧毁了。直到1627年，新的皇极殿才建成。

为什么火神这么爱光顾太和殿呢？因为它是个超级"大块头"，屋顶很高，古代又没有避雷针这样的设施，再加上是木结构，所以一旦起火便不可收拾。

清军入关夺取明朝政权后，清顺治帝将皇极殿改名为太和殿。1680年（清康熙十九年），太和殿又惨遭一场大火灾，15年后才开始重建，这才是我们现在所看到的太和殿。

你可能会想，皇帝一次次重建太和殿，是因为要在这里办公吗？其实太和殿很少使用，一般只有在举行盛大的仪式时才能用上呢。

太和殿是皇帝举行盛大典礼之地。

皇帝登基

新皇帝即位时,要提前一天派遣官员祭告天地、太庙、社稷,然后在太和殿举行登基大典,坐在宝座上接受大臣朝拜,颁即位诏书。此外,皇帝大婚、册封皇后、点将出征时,也会在这里举办典礼。

御门听政

皇帝在太和门或乾清门听取大臣报告工作,颁发诏令,称为"御门听政"。有的皇帝非常勤奋,坚持每天听政,有的皇帝特别懒,20多年不上朝。

大朝会

每年里有三个最重要的庆典日，分别是元旦（农历正月初一）、冬至、万寿节（皇帝的生日）。每逢这些日子，皇帝都要在太和殿举行盛大的庆典仪式，接受官员朝贺并赐宴。

"吞云吐雾"的铜龟铜鹤

太和殿举行庆典时，人们还会在两侧的铜龟和铜鹤"肚子"中点燃檀香木，让它们喷出袅（niǎo）袅的烟雾，把现场变得如同仙境一般。于是，太和殿和高高在上的皇帝就会显得愈加神秘。

太和殿广场为什么会有72座山

按照清朝的规定,官员们在拜见皇帝时不但要提早到达,还要按照自己的品级次序站在特定的位置上向皇帝行礼,一点儿也不能马虎。

1782年农历四月十五,乾隆皇帝召见官员,文臣武官都来到了太和殿前的广场,他们一个个排好队,找好自己的位置,毕恭毕敬地朝着皇帝谢恩。场面十分整齐,似乎和平时没有什么不同。

没想到,几天之后,乾隆皇帝听说了一件事。翰林院的编修许兆椿看见有一名穿着二品武职官服的官员,在尚未对皇帝行礼的时候,走过了甬道。

这个举动虽然看起来只是小错,但如果一旦被人添油加醋,说成是对皇上的不尊重,可是要被降职的。"越班事件"让乾隆皇帝很恼火,他立马指派大臣彻查,紫禁城里的官员们也都忧心忡(chōng)忡,担心自己受到牵连。

负责调查的大臣不敢马虎,他们找来了目击证人许兆椿和当天参加典礼的六名二品武职官员。大臣让二品武职官员站成一排,并让许兆椿辨认到底是谁在那天走过了甬道。

武职官员们被当成了"嫌疑犯",都怒视着许兆椿。许兆椿也只能硬着头皮说,当天只看到了背影,所以无法辨认。

品级

品级是古代官员等级的名称。清朝时,官员中最高级别的是正一品官员,再往下是从一品,一直往下数,便到了正九品和从九品,一共18个官员品级。

其他的官员都一口咬定自己没看见有人走过甬道。这下，负责调查的大臣也没了办法，这件事就变成了"谜案"。乾隆皇帝后来也就不再追究了。

要知道，皇家等级森严，大臣们如果稍有不慎，说错了话或做错了事，都有可能引来杀身之祸。所以每个大臣在进宫见皇帝的时候都是小心翼翼的。如果不小心在典礼时站错了位置，也会被认为是对皇帝的"大不敬"。可太和殿的广场足足有3万平方米，官员们该怎样找到自己应该站立的位置呢？

原来，在每个官员的位置上，都有一座铜制的"小山"——品级山，这座"小山"又有点儿像古代官员的帽子，高约30厘米。

在举行典礼时，品级山会被摆放在太和殿御路两旁，东面和西面各排两行，每行自正、从一品起，到正、从九品止，总共72座，不同级别的官员，只要找到自己的品级山，就能准确找到自己的位置啦。

品级山

清朝大朝会时官员在太和殿广场排班行礼的位标。仿明朝木制朝牌之例以铜铸，呈山状。高约30厘米，中空，上面嵌满、汉文品级阶位。

戴着宝盖子的中和殿

传说上古时期，黄帝与蚩尤所在的两个部落之间曾经发生过一场大战。他们在涿（Zhuō）鹿郊野会战，打得天昏地暗，不分胜负。

蚩（Chī）尤是中国神话中的战神，他有三头六臂，铜头铁额，善用刀、斧、戈作战，非常勇猛。他张开大口，能喷出滚滚浓雾，三日三夜不散。会战中，黄帝部落的将士都迷失了方向。蚩尤带领81个兄弟疯狂冲杀，眼看就要打败黄帝。

而黄帝造出了指南车，指挥着部队前进。双方还动用了神仙法力，请了风伯、雨师参战。最后黄帝部落杀死了蚩尤，将他的头砍下来埋葬，化作血枫林。黄帝还把蚩尤的形象画在军旗上，鼓励军队前进，震慑敌人。

在这场大战中，不时有五色云气、金枝玉叶化作花状之物出现在黄帝头顶，被人们称作"华盖"，古人认为，这是上天在帮助黄帝取得胜利，是祥瑞的象征。因此，后世帝王们所用的车盖也被称为"华盖"，又叫宝盖。

你知道吗？故宫里也有这样一座戴着宝盖子的宫殿呢！它就是太和殿后面的中和殿。

发现了吗？中和殿的形状比较奇怪，它长得和前后的宫殿都不一样。相比雄伟的太和殿，它只有太和殿的1/4大小。中和殿是正方形的建筑，殿顶为金色圆形，四面都是开放的门窗，很像一座大大的亭子。

故宫的宫殿大多是长方形的，只有中和殿和交泰殿等极少宫殿是方形造型。如果你抬头向上看的话，会发现四角攒尖的屋顶上，安装了一个铜质鎏金的圆宝顶，它非常显眼，看上去像是一个金色的华盖。所以，明朝最初建造皇宫的时候，这座宫殿的名字就叫"华盖殿"，在清朝时才改名为"中和殿"。

可不要小看这种形式的屋顶，它的等级可是非常高的。而且，这个圆宝顶和当时"小燕京八景"中的"回光返照"还有着直接的关系。

那时候，在北京灯市口有座二郎庙，是东西方向的。每当天气晴好，太阳从东方慢慢升起的时候，一道金光会从西面殿门射入庙里，打在二郎神像上，二郎真君便金身闪耀，非常神奇。

纪晓岚在《阅微草堂笔记》里记述了这一奇景，他认为出现这种奇观是因为二郎庙面朝西，与中和殿在一条直线上，东西相对，当东方日出时，中和殿的"鎏金宝顶"，成为光线反射的镜面，折射到一公里外的二郎庙，就形成了这样一道奇观。

中和殿位于故宫太和殿与保和殿之间。

中和殿宝顶为铜胎鎏金宝顶，双层圆基座，高3.16米，由琉璃基座、铜质鎏金基座和铜制鎏金顶珠三部分组成，远远望去如同美丽的华盖，有防雷防雨作用，又使中和殿看起来漂亮别致。

鎏金圆顶

四角攒尖，单檐式建筑

皇帝每次前往太和殿前,会先在这里接受官员行礼;祭祀地坛、太庙、社稷坛、历代帝王庙、先师孔子、日坛、月坛时,皇帝会提前一天在此阅视祝版。

每年春季祭先农坛、行亲耕礼前一天,皇帝会在这里阅视祝版和农具。

每届新修玉牒(皇室族谱)完成后,皇家会在这里举行呈进礼仪。

中和殿的结构体现了中国传统文化中"中和"的智慧,寓意凡事要做到不偏不倚,恰如其分才能使各方关系得以和顺。中和殿殿内宝座也设在中轴线上,寓意着这里是紫禁城的中心,也是天下的中心。

古代读书人最向往的考场——保和殿

在保和殿这个古代最高级别的考场里，很多读书人"朝为田舍郎，暮登天子堂"，通过十年寒窗刻苦读书成为朝廷的大臣，留在京城或被派往各地当官。

这个考场里也发生过有意思的事情。1847年，道光二十七年的殿试，一个名叫徐树铭的书生，在保和殿奋笔疾书，累得满头大汗，终于赶在考试结束前完成答卷。可是他还没有交卷，却着急上厕所。这时他看到旁边站着一位穿着华丽衣服的少年，就拜托他帮忙交卷，拱手说完"劳驾代为关照"，就匆匆跑去上厕所了。

徐树铭没想到的是，这位少年竟然是道光帝的儿子奕詝（zhǔ）。当时，少年感到好笑，顺手拿起徐树铭的卷子翻看了一下，发现他的字很工整，文章也写得不错。不久之后，道光帝去世，奕詝登上了皇帝的宝座，即咸丰帝。咸丰帝即位后重用了很多汉族大臣，徐树铭就是其中之一。他先后担任过兵部、吏部、工部左右侍郎，福建督学、浙江督学、都察院左都御史、工部尚书等官职。

清代的科举考试分乡试、会试、殿试三级，考中乡试和会试的考生，分别被称为举人、贡士，然后才有机会参加殿试。殿试由皇帝亲自主持,是封建科举制度最高等级的考试。参加殿试的贡生,考中后统称为进士。殿试分三甲录取。第一甲赐进士及第,第二甲赐进士出身,第三甲赐同进士出身。第一甲录取三名,第一名称状元,第二名称榜眼,第三名称探花,合称为"三鼎甲"。

贡生

明清时,府、州、县的优秀生员升入国子监当学生,叫"贡生"。贡生的字意是贡献给皇帝的人才。

保和殿位于中和殿后。

保和殿屋顶为重檐歇山顶，上面是黄色琉璃瓦，两层屋檐的檐角都安放着9只可爱的小兽。屋檐上的彩画非常精美，看起来华贵富丽。

科举殿试考场

到了乾隆后期,保和殿作为科举殿试的考场,是整个国家最高级的考场。这可是当时天下读书人最向往的一个考场。明清两代500多年,在这里产生了文状元208名。

赐宴

清朝每年除夕、正月十五,皇帝会在这里赐宴,参加者有外藩、王公及一二品大臣等。公主丈夫的父亲、有官职的家属也会被赐宴。

保和殿后面,有一块重达200吨的巨大石雕,叫作"云龙阶石",看起来就像是前朝的一个巨大的感叹号。

皇帝的家——后宫

乾清门为皇宫内廷的正宫门，是连接前朝与后廷往来的重要通道，王公大臣治理朝政在门外，皇后妃子生活在门里，以示内外有别。

清朝时，这里是处理政务的重要场所，"御门听政"、斋戒、请宝接宝等典礼仪式都在乾清门举行。

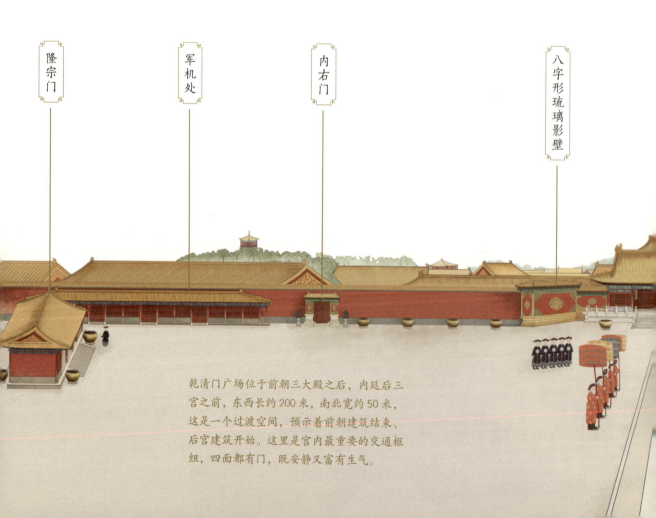

隆宗门　　军机处　　内右门　　八字形琉璃影壁

乾清门广场位于前朝三大殿之后，内廷后三宫之前，东西长约200米，南北宽约50米，这是一个过渡空间，预示着前朝建筑结束、后宫建筑开始。这里是宫内最重要的交通枢纽，四面都有门，既安静又富有生气。

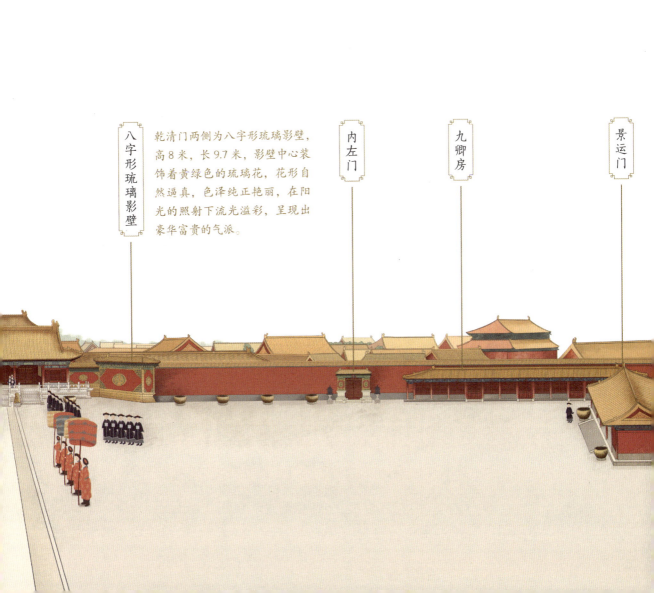

八字形琉璃影壁　乾清门两侧为八字形琉璃影壁，高8米，长9.7米，影壁中心装饰着黄绿色的琉璃花，花形自然逼真，色泽纯正艳丽，在阳光的照射下流光溢彩，呈现出豪华富贵的气派。

内左门

九卿房

景运门

乾清宫明朝时为皇帝的寝宫，共有14位皇帝曾住在这里。清朝时期，顺治、康熙皇帝住在乾清宫；雍正皇帝和以后的皇帝住在养心殿，乾清宫成为皇帝处理日常政务、接见王公大臣的重要场所。

乾清宫家宴

每年的万寿节、元旦、除夕和其他一些节日，皇帝和他的家人们会在乾清宫举行合家盛宴。除夕宴由皇后妃子等人陪宴，元旦由皇子陪宴。

乾清宫匾额后的秘密

中国历史上一共有 422 位皇帝，其中在位时间最长的是清康熙皇帝，他一共在位 61 年。这个皇帝在位时间太久了，年龄越大，越为一件事情发愁，那就是选哪个儿子当皇帝。在这之前，他已把早年立的太子废黜（chù）了两回，其他皇子看到机会，彼此争斗不休，让他伤透了脑筋。

康熙皇帝快要去世的时候才选了四儿子当皇帝，也就是雍正皇帝。雍正皇帝即位后，想了个办法，将自己选定的皇子名字偷偷写下来，作为"密诏"，一份放在建储匣中，藏到乾清宫里最高的一块匾额——"正大光明"匾后面，一份随身携带。他去世以后，大臣们再凭两份密诏宣布新的皇帝。

这就是"秘密立储"的制度，老皇帝去世后，新皇帝凭"密诏"即位。后来的乾隆、嘉庆、道光、咸丰等都是通过匾额后面的密诏当上皇帝的。

这块"正大光明"匾额就在乾清宫正殿上方，上面的字是顺治皇帝御笔，表达的是天地正大、日月光明的意思。顺治皇帝希望自己和后来的皇帝都能够按这个要求治理国家。

像这样的匾额，故宫每个宫殿里都有，它们可不仅仅是装饰品，这可是咱们传统文化的一大特色呢。

匾额的发明还要从古代说起。那时候，人们非常重视门，

匾额

匾额相当于古建筑的眼睛，按形状一般分为横匾与竖匾两种。故宫里一般高度低的建筑悬挂横匾，高大的建筑采用竖匾，大部分宫殿的名称匾都是竖匾。匾额按做法划分，可分为斗子匾、雕龙匾、平面匾、清色匾、花边匾、如意匾、纸绢匾等。

将它称为"衡门",古人将打来的猎物放置在门上,作为领地的标识,相当于招牌。秦汉时期,逐渐流行在宫殿建筑上题名,匾额也随之发展起来。它们高悬于建筑的重要位置,虽然只有几个字,却能表达丰富的内涵。

古人对匾额非常重视,匾额做好后,都会请书法特别好的人来题写。三国时魏明帝建了一座非常高的宫殿,让当时著名的书法家韦诞来题写。可是匾额刚做好,工人师傅就拿去挂到宫殿的最高处了。

魏明帝一下子就着急了,匾额没有字哪行啊?但宫殿太高了又拆不下来,无奈之下,他命令手下找来一个大筐,让韦诞站到筐里,用辘轳把韦诞吊上去题写。这块匾额离地面足足有83.3米高,韦诞吓得战战兢兢、浑身颤抖。等他题写完匾额回到地面后,因为害怕,头发胡子都白了不少。你看,为了在匾额上写好几个大字,皇上连大臣的性命都顾不上了。

故宫中的匾额题字也很有讲究,可不是谁都能写的,它们大多由皇帝亲手题写,以大字书法为主,如交泰殿内是康熙皇帝题写的"无为"匾额,养心殿是雍正皇帝题写的"中正仁和"匾额,太和殿内是乾隆皇帝题写的"建极绥猷"匾额,这些字大都表达了皇帝心中的治国理想。

故宫中的大部分匾额都不止用一种文字书写,这也跟历史上的朝代更替有关系。明朝皇宫中的匾额,都是用汉文书写的。到清朝的时候,皇帝是满族,朝廷也经常跟蒙古人打交道,于是匾额上的文字就变成了满、蒙、汉三种。

乾清宫，内廷后三宫之一，建筑规模为内廷之首，黄琉璃瓦重檐庑殿顶，殿内宝座上方有"正大光明"匾，殿前月台上左右分别有铜龟、铜鹤、日晷、嘉量，前设鎏金香炉四座。

后来，顺治皇帝觉得这样太麻烦了，又下旨取消了匾额上的蒙古字，只用满、汉两种文字。但慈宁宫区域的匾额仍是用满、蒙、汉三种文字题写，这是因为当时的宫殿主人孝庄皇太后是蒙古族。现在故宫内廷区域的匾额还保存着满、汉两种文字呢。

小小的一块匾额，将文学、书法、雕刻、印章、装饰等多种艺术交融在一起，将中国传统文化与建筑艺术巧妙地结合，非常了不起。

乾清宫里为什么放了 27 张床

按照"天子居六寝"的说法,皇帝得有 6 个睡觉的房间,每个房间一张床,也就是皇帝至少有 6 张专属的床。可是,据说乾清宫曾给皇帝放过 27 张床!皇帝为什么在乾清宫摆这么多张床呢?

你想,要是有一个刺客想刺杀皇帝,当他来到皇宫时,遇到的第一个难题是不是怎样找到皇帝?你们一定会想,真有人会刺杀皇帝吗?还真有的,这个"倒霉"的皇帝就是嘉靖帝。

原来嘉靖帝继位后迷恋长生不老的传说,为了炼制能够让人长生不老的丹药,他命令宫女们每天清晨到御花园采集露水。这可是个很辛苦的工作,宫里的惩罚制度又极其严格,她们经常会被打骂处罚。终于,这些宫女忍受不下去了,她们秘密策划了一场刺杀皇帝的行动。

1542 年,即嘉靖二十一年,宫女杨金英与另外十几位宫女悄悄来到乾清宫行刺,但是她们太紧张了,刺杀行动并没有成功。这批宫女都被处死了,当时服侍嘉靖的两位嫔妃也没有逃脱,被一并处死。按中国传统纪年,这一年是壬寅年,因此,这一事件被称为"壬寅宫变"。

刺杀事件发生后,嘉靖帝再也不想住在乾清宫了,他搬到西苑永寿宫,直到临死前一天才搬回来。

乾清宫暖阁

高大宽敞的乾清宫被分成上下两层,隔了好多个小房间,这些小房间也叫暖阁,下层 5 个,上层 4 个,一共 9 个。每个暖阁里都放了 3 张床,共有 27 张床。

乾清宫旁不能居住的神秘小屋

在乾清宫两旁高高的石台上，各建有一座小小的宫殿，里面小得住不下人。你知道它们是用来做什么的吗？

这两座小宫殿的名字叫江山社稷殿，是铜制镀金殿，东面的叫江山殿，西面的叫社稷殿。江山的意思指的是大清国的江山领土，而社稷则是土神和谷神。

这两座小宫殿又小巧又精致。它们像是金色正方体小亭子，头顶圆圆的，脑袋上就像戴了一顶大大的圆帽子，"圆帽子"下面是长长的屋檐。

金色的小亭子每面有四扇门，上面还刻着漂亮的图案。小亭子并不是孤零零地待在这里，它的底部还有白色的石台和石室，石台周围是石头做的栏杆。在这些栏杆上，还有一只只威武的小狮子，它们有的滚着绣球，有的玩耍嬉戏，虽然年幼调皮但却一刻也没有离开过。

皇帝在自己睡觉的乾清宫前面建造江山社稷殿，是希望提醒自己，即使在休息的时候也绝对不能忘记国家江山和百姓的五谷丰登。做一个勤政爱民的好皇帝，才能真正让大清的江山永固。

虽然皇帝江山永固的梦想已经成为历史，但到了今天，我们依然能在故宫里看见皇帝曾经的愿望。

社稷

土神和谷神的总称。太社之神名为"句龙"，专管土地；太稷之神名叫"弃"，主管谷物。古人认为土地和粮食是养育人民的根本，也是国家建立和存在的基础，因此社稷后来慢慢演变成了国家的同义词。古代君主每年举行祭祀土神和谷神的仪式，祈求国事太平，五谷丰登，称为祭社稷。

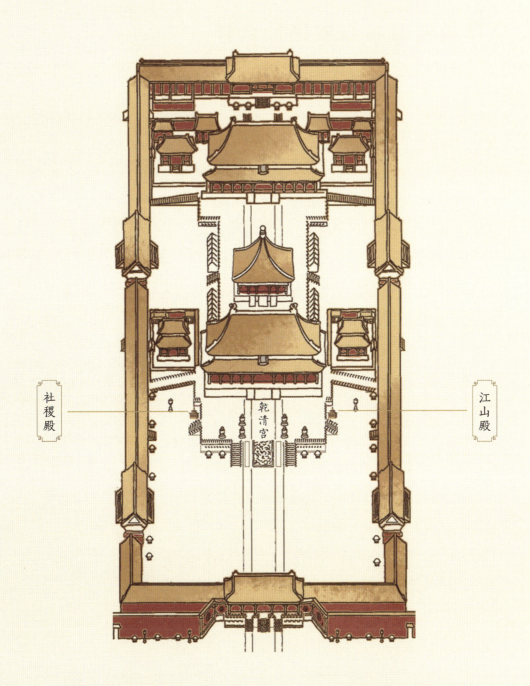

皇帝的家——后宫 | 41

皇帝最爱的养心殿里什么样

2018年9月3日，故宫博物院前后两任院长一起，小心翼翼地从养心殿的屋顶上取下了一个外部有祥龙彩绘的"镇宅"宝匣。故宫宫殿屋顶的宝匣有很多样式，但这样精致的彩绘宝匣还是第一次发现。

宝匣里放着经卷、金钱和金银铜铁锡五种元宝，还有五色宝石、五色缎、五色丝线、五香、五药和五谷，这引起了人们的好奇：这宝匣是干什么用的呀？

原来，宝匣是古建筑的镇宅之物，一般放在建筑正脊正中的脊筒内，那里也被称为"龙门"或"龙口"。在龙口中放置宝匣，表达着古人祈求上天护佑、驱除邪魔、保佑建筑物的美好愿望。

那么，如此贵重的宝匣为什么选择放在养心殿呢？养心殿可是一个神秘的地方，清朝有8位皇帝选在养心殿生活、工作。

清代第一位住进养心殿的是顺治皇帝，他也在这里病逝。他的儿子康熙帝把东暖阁改成了画匠、雕刻匠、油漆匠等匠人工作的地方，还放了很多大书柜，设立了御膳房。有外国传教士到中国来，康熙帝也将养心殿作为接见地点，与他们交流数学、哲学、医学和机械制造方面的知识。

养心殿

养心殿最初建立于1537年（明嘉靖十六年），位置在乾清宫的西侧，是个独立的院落。
养心殿比起乾清宫来，实在方便太多。这里虽然不是特别宽敞，但600平方米前后带工字廊的前殿与后殿直接连为一体，旁边就是可以进出紫禁城的隆宗门，与西六宫、御膳房、乾清宫、前朝以及慈宁宫紧密相连。

1722 年,康熙皇帝去世后,他的儿子雍正皇帝喜欢居住在养心殿,并把造办处的各作坊逐渐迁出内廷。雍正皇帝还把军机处搬到了养心殿南侧的内右门外,这样与大臣商量军国事务就方便了很多。雍正帝以后的皇帝也开始在养心殿长住,养心殿取代乾清宫的地位,正式成为皇帝的寝宫和日常处理朝政的场所。

经过雍正和乾隆两位皇帝的改建,养心殿与康熙年间的"手工作坊"大不相同,后来的养心殿布局非常紧凑,特别是乾隆皇帝将东西暖阁分隔成了众多的小房间,空间形式更加多样化,各项功能非常齐全,住起来可舒服啦!

可别小看这个小宫殿,它可是紫禁城里的"潮流引领者"。养心殿很早就铺设了彩绘瓷砖和西式木地板,最早安装进口玻璃窗,最早绘制西洋风格的通景油画,最早安装电话……

养心殿就这样变成了核心宫殿,其中内殿是皇帝专属的库房,里面收存了大量黄金、白银、珍珠、宝石、缎匹、毛皮、古玩收藏等宝贵物品。

嘉庆十一年,养心殿明间、东西暖阁陈设的瓷器、玉器、漆器、银器、竹木牙雕、珐琅器等多达百件。这些可都是宫中最为贵重或稀缺的物品呢。

清朝先后有8位皇帝住在养心殿，这是一处皇帝召见群臣、处理政务、读书学习及居住的多功能建筑。

乾隆皇帝在养心殿度过了64年的时光，三希堂是他最愿意待的地方。

"垂帘"指放下帘子,"听政"指处理政务。古代皇帝生病或者年龄幼小时,有的皇后、皇太后、太皇太后会代替皇帝临朝听政,殿上用帘子遮隔起来,历史上最早实行垂帘听政的人是唐朝的武则天。养心殿"东暖阁"内设宝座,清朝年幼的同治皇帝登基后,慈禧太后与慈安太后曾在此处"垂帘听政"。1912年2月12日,隆裕太后携末代皇帝溥仪颁布退位诏书,宣告清帝退位,也在这里。

加急的命令来自什么神秘机构

清雍正年间，在北京通往各地的官道上，经常可以见到一些飞驰的马匹，骑在马上的人神情严肃，急切地奔向前方。他们是传递紧急文件的官差。这些文件外写着"马上飞递"，要求由专人骑马送达，速度是每天奔驰300里，更加紧急的，会要求每天400里、500里、600里。这么长的距离这么快的速度，连训练有素的骏马也吃不消。怎么办呢？聪明的官差会在驿站替换下跑累了的马，骑着新换的马匹继续飞奔，直到把文件送到官员手中。

这些紧急的命令来自哪里呢？原来，它们来自隆宗门和乾清门之间的一排不起眼的小房子，这里看起来十分简陋，和富丽堂皇的宫殿相比，也太不起眼了。可别小看这些房子，它们叫军机处，是清代大臣们处理最机密工作的地方。

军机处的前身是雍正皇帝为了处理西北叛乱而成立的军需房，后来渐渐发展成了军机处，成为帮助皇帝处理机密的军国

军机处

军机处是清代最重要、存在时间最长的中央最高辅弼（bì）机构，雍正时期成立，是处理全国军政大事的政务中心。1911年（宣统三年），清朝成立责任内阁后，军机处撤销。

大事的地方。军机处距离皇帝居住的养心殿只有50米，方便皇帝随时召见军机处的大臣。他们凌晨五点就要在这里工作，皇帝每天接见的第一批大臣，就是军机大臣。大臣听完皇帝交代的任务，便要匆匆忙忙地赶回军机处，写好文件交给皇帝审阅，然后变成正式的诏书，由军机处下发。

雍正皇帝还要求，军机处里的工作一定要在一天之内完成，不准拖延。若是工作没有做完，就不能下班。军机处的大臣们几乎每天都要来往在养心殿和军机处之间。在这里工作的人不但能文能武，还是皇帝最信任的人。

军机处大臣由亲王、大学士、尚书、侍郎或京堂组成，最多的时候有七人。其中，首席军机大臣，通称大军机，一般由满族亲王或大学士担任；其余人为军机大臣、军机处行走、军机处学习行走、军机大臣上学习行走等。这些大臣的下属协助军机大臣处理公务，通称小军机。

军机处处理的文件，都是国家机密，因此军机处的人是绝对不允许和外人讨论工作的。据说雍正皇帝在位时，曾有一名四川官员犯了大错，在给他的处罚命令还没送达的时候，这名官员就自杀了。这让雍正皇帝很生气，严惩了泄露秘密的人，后来军机处的大臣再也没有敢泄密的了。

皇宫里第一次出现凤的形象

与前朝三大殿类似，皇宫内廷也有后三宫。在后三宫当中，皇帝住在乾清宫，皇后住在坤宁宫，位于两个宫殿之间的是交泰殿。和前朝的中和殿相似的，交泰殿也是鎏金圆顶，是后三宫中最小的一个。

整个皇宫前朝到处雕刻着龙的图案，一直到交泰殿，第一次出现了凤的形象。交泰殿的檐画上有青绿相间的龙凤飞舞，非常好看。原来，这里就是属于皇后的宫殿啦。

每到大年初一、冬至的第二天、皇后生日的时候，皇后在拜见太后和皇帝后会来到交泰殿接受其他妃子的朝贺，以彰显皇后在后宫的尊崇身份和地位。

皇后过生日的日子又叫千秋节，这天朝廷大臣会进贺笺，表达祝贺。皇帝、皇后和皇太后会一起到交泰殿接受大臣们的贺礼，宫里的妃子和公主们，都要在交泰殿向皇后行六肃三跪三叩首礼。当天排场盛大，会奏专门的音乐，妃子们拜位按等级秩序，非常隆重热烈。

在这么重要的场合，有时也会发生一些小插曲。明朝时交泰殿的最后一位女主人周氏是崇祯皇帝的皇后，她是一位端庄贤惠的皇后，当时后妃中有一个田贵妃受到皇帝宠爱，十分

骄横。有一年新年，周皇后在交泰殿接受后宫妃子们的朝贺。那天风雪很大，她故意让田贵妃在外面等了很久，想以此挫挫田贵妃的骄横之气。田贵妃认为自己受到了羞辱，就向崇祯皇帝告状。崇祯皇帝在交泰殿为此事与周皇后争吵起来，一气之下把周皇后推倒在地上。周皇后生气之下，绝食抗议。崇祯皇帝事后十分后悔，向周皇后道歉，并要求田贵妃反省自己的言行——这又让田贵妃非常生气。

后来，周皇后告诉崇祯皇帝，她只是为了帮助田贵妃改正骄横之气，这也是为了国家考虑，并没有私怨在里边。在周皇后的劝解下，皇帝和田贵妃又和好如初了。人们都说周皇后做得非常对，是位好皇后。

除了接受朝贺，每年春季，皇后还要主持一项重要的工作——亲蚕礼。她要率领众妃子祭拜蚕神嫘（léi）祖，并采桑喂食蚕宝宝。皇后要通过这样庄重的仪式，鼓励全国的老百姓进行农桑生产，使国家富强。而在祭祀之前的一天，皇后会来交泰殿检查采桑的用具。

交泰殿

内廷后三宫之一,位于乾清宫和坤宁宫之间,交泰殿平面为方形,深、广各三间,单檐四角攒尖顶,铜镀金宝顶,黄琉璃瓦。明间宝座上有康熙皇帝书写的"无为"匾,宝座后有乾隆皇帝书写的《交泰殿铭》。东次间设铜壶滴漏,西次间设大自鸣钟,宫内时间以大自鸣钟为准。

大自鸣钟

交泰殿西次间陈放着一座嘉庆时期制造的大自鸣钟,有两层楼那么高,后面还有一架梯子,每个月都要由一名太监爬着梯子上去给大钟上弦,大钟一时一鸣,一刻一响,上满一次弦可以报时一个月。每天当它报时之后,神武门鸣钟鼓,钟鼓楼接着鸣钟鼓,全北京的人就知道时间啦。

清 郎世宁《乾隆孝贤富察皇后祭蚕神亲蚕图》局部

皇后在这里做什么？

皇后千秋节（皇后生日）的时候会在这里收庆贺礼。

皇帝大婚时，皇后的册、宝安设殿内左右案上。

每年春季亲蚕礼的前一天，皇后会在这里检查采桑的用具。

铜壶滴漏

交泰殿东次间里的铜壶滴漏是乾隆十年时制造的计时器，这是我国古人在3000多年前就发明的计时器。当时每天给它装上100升水，就可以滴漏报时了。后来宫里就不再使用了，只作为装饰陈设在交泰殿。

交泰殿里藏的"二十五宝"是什么

1635年（明崇祯八年），相传有一处青草茂盛的山涧，本来是放羊的好地方，但奇怪的是，羊儿们却都不敢吃那里的草。有一只羊，已经接连三天没吃草了，一直跪在那里用蹄子刨地。后来，人们顺着羊儿刨的地方挖出了一枚玉玺。人们把这枚神奇的玉玺进献给了当时的首领。

多尔衮听到这个消息大喜过望，要知道，这枚玉玺被称为传国玉玺，天下英雄都想得到它。多尔衮多方打听，知道这枚传说中的玉玺辗转落入苏泰太后之处。于是，他登门索要，苏泰太后果真交出了一枚篆刻着"制诰之宝"四字的玉玺，把这枚玉玺献给了皇太极，皇太极十分高兴，认为这是上天要自己统治天下。第二年，皇太极就将国号"金"改为"清"。几年后，清军推翻明朝统治，成为皇宫的新主人。这枚玉玺和其他宝玺一起成为清朝皇帝发布命令的印鉴，并被收藏在交泰殿。

乾隆时期，皇帝拥有的宝玺达到了39枚。乾隆皇帝对这39枚宝玺进行了鉴别，最后留下了25枚。令人意外的是，被排除在外的那14枚宝玺中就有多尔衮进献给皇太极的那枚"传国玉玺"。酷爱玉石的乾隆皇帝认为那是一枚假的传国玉玺，他还说，即便是真的秦代玉玺，也不能与大清国的宝

25 枚宝玺

清朝乾隆皇帝精选25枚宝玺放于交泰殿内。为什么选25枚呢？传说乾隆皇帝认为《周易》所说天之数是25，而且周朝是历史上皇帝绵延代数最多的朝代，共25代。乾隆皇帝想祈求上苍保佑，让清朝能像周朝那样长久辉煌昌盛，延续25代。但实际上乾隆皇帝之后，皇位仅仅往下传了6代。

玺放在一起。

乾隆皇帝最终密藏在交泰殿的25枚宝玺,被人们称为"二十五宝"。

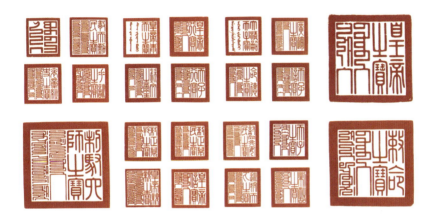

这25枚宝玺有的是玉制的,有的是黄金制的,还有的是旃檀木制的,印纽一般雕刻有交龙、盘龙、蹲龙等,极其精美,它们平时就密藏在交泰殿里的宝盝(lù)中。宝盝是方形盒子,外层是名贵的木头,内层是黄金,一个宝盝里面放一枚宝玺,放在御座左右的木几之上,外面还罩着绣龙纹的黄缎罩,看起来整齐庄重。

它们各有专门的用途,比如颁布诏书时用"皇帝之宝",祭祀神仙时用"天子之宝",册封外邦的藩王时,则用"天子行宝",等等,代表着皇帝可以行使国家最高权力。每年的正月,钦天监会选择吉日吉时,在交泰殿设案,将宝盝开封,并一一陈列出来。这时候,皇帝会到交泰殿,拈香行礼,表达重视之意。

皇帝怎样选老婆

1888年冬天的一天,翊坤宫的体和殿中,五个女孩小心翼翼地站在一起,低着头,不敢直视前方衣着富贵华丽的妇人和身穿黄袍的年轻人——这二人就是慈禧太后和刚满18岁的光绪皇帝。光绪皇帝3岁登基,满18岁就要选择自己的皇后啦,而尊贵的皇后就要从这五个女孩中选择。

这五个女孩中有一个是慈禧太后的侄女,另外四个是朝廷和地方官员的女儿。皇帝手里拿着的是一柄玉如意、四个绣花的荷包,他把玉如意交到谁的手里,谁就是今后的皇后了,把荷包交到谁手里,谁就是嫔妃。光绪在经过了一番激烈的

思想斗争后，还是按照慈禧的意愿将玉如意交到了她的侄女手中。慈禧的侄女就是后来的隆裕皇后。

那皇帝是怎么一步一步选老婆的呢？在清代，每三年会举行一次选秀，参加选秀的秀女都必须是身体健康的满洲八旗的女子，汉族的女子不能参加。朝廷还规定，如果家中有年满13岁至17岁的满族八旗女子，必须向户部申报。身体健康的少女像参加考试一样，要在指定的时间坐上马车从家中出发，来到紫禁城神武门前，按照所属八旗和年龄顺序排队入宫。秀女进宫时服装不能花枝招展，只能穿最普通的旗装，每排五六人，立而不跪，由皇帝或皇太后亲自选看。因为服装都差不多，就要看容貌是否美丽、仪态是否端庄、出身是否高贵了。

"考官"如果觉得哪位秀女合适，便会留下秀女的姓名

牌子，参加第二轮的"考试"。

第二轮"考试"中，秀女还要做针线活、打扫卫生，让"考官"看看自己的生活技艺。"考官"还会仔细观察秀女的仪容仪态。如果皇帝或太后看中了谁，就留下她的名牌，叫作"留牌"，那这位秀女就会成为皇帝或者皇室成员的老婆。

未被看中的秀女会回家由父母聘嫁。运气最糟的是"记名"，就是太后和皇帝犹豫不定，秀女也就始终不能嫁人。五年后"记名"会解除，可那时这个秀女已经错过最佳婚嫁时间了。

女孩子一旦入了宫，便很难再离开皇宫，紫禁城的高墙就像围栏一样，把她们牢牢围住。成为后妃的女子只有得到皇帝的允许，才能和家里人见上一面。

皇家婚礼讲究多

相比普通百姓的婚礼，皇帝的婚礼可是国家的大事。大婚前一天，皇帝要派遣官员告祭天、地和太庙，就是对神仙和祖宗说，我要结婚啦，请您保佑！

在大婚当日清晨，皇帝身着盛装，向皇太后行礼，禀报自己将要迎娶皇后入宫，经过皇太后同意后，在庄严的礼乐声中来到太和殿前，派礼仪官宣布：皇帝奉皇太后懿旨纳某氏为皇后！然后，由使臣率领的迎亲队伍才能出发。迎亲道路经过之处，一路都要张灯结彩，百姓也要盛装打扮，以表示"普天同庆"。

此时的皇后，正在家里忙着换装饰着龙纹的吉服。迎亲的使臣来到后，皇后的父亲立即率全家所有男性亲属在大门外跪迎，听使臣传旨后，要像见到皇帝本人那样，行三跪九叩大礼。使臣把皇后的宝册——就是象征皇后身份的"结婚证"交给内监后退出，内监持宝册进入内室，皇后身着礼服出迎，也像见到皇帝本人那样行大礼，然后接受宝册。这样，她就是皇帝正式册封的皇后啦！

随后，皇后一手持金双喜如意、一手持苹果，表示"平安如意"，在女官的随侍下进入皇家专属的金黄色喜轿，上面并没有"喜"字,而是提前放入御笔书写的"龙"字。皇后的母亲把女儿送到轿前,父亲在大门外跪送。

凤轿一路经过金水桥来到午门外,最后进入皇宫,皇后要在乾清宫的宫门台阶前下轿。按照满族的习俗,皇后需要跨过摆放在宫殿内的火盆,表示去除邪气。然后,皇后再在女官的引导下到达坤宁宫,在坤宁宫的门槛上,跨过预先安设的马鞍——马鞍之下放着两个苹果,寓意平平安安!

最后,皇后来到坤宁宫东暖阁,这里是皇帝和皇后新婚的洞房,他们会在这里共度三天。东暖阁墙壁饰以红漆,屋顶悬挂双喜宫灯。洞房内设龙凤喜床,床铺帐子和被子都是江南精工织绣,被子上绣着100个儿童,他们神态各异、生动活泼,称作"百子"和"百子被"。洞房西门里和东门外有木影壁,内外均有金漆的双喜大字,寓意出门见喜。

在这里,皇后要再换一次衣服,脱下龙纹吉服,把表示

未婚的长发盘起来,穿上皇后的朝服。直到这时候,盛装的皇帝才会来到坤宁宫,和皇后一起席地而坐,皇帝在左边,皇后在右边,相对饮酒。清朝时,还要有结发的侍卫夫妇在坤宁宫的屋檐下用满语唱交祝歌。然后,皇帝和皇后一起吃晚饭,叫作"合卺(jǐn)"礼宴。

"合卺"礼宴一共有四道热菜、四道凉菜。但最重要的不是吃饭,而是皇帝皇后坐在龙凤喜床上,合吃子孙饽饽,就是饺子。子孙饽饽千万不能煮熟,皇帝皇后咬上一口,说"生",才是大吉大利,表示皇家后代子嗣兴旺。

大婚后第二天,皇后要身着盛装,向皇太后敬献一柄如意,以示吉祥如意,还要亲自侍奉皇太后盥洗及进膳,表示孝道,叫作"朝见礼"。自此,皇后就正式成为皇帝家庭的一员了。

清《光绪大婚图》(局部)

坤宁宫是内廷后三宫之一。古代皇后是天下女性中最尊贵的,皇帝代表天,皇后代表地,天为乾,地为坤,所以乾清宫、坤宁宫分别为皇帝、皇后的寝宫。

清顺治年间改建后,坤宁宫每天早晚都有祭神活动。凡是大祭的日子和每月初一、十五,皇帝、皇后都亲自祭神,所祭的神像包括释迦牟尼、关云长、蒙古神等。

坤宁宫明朝时期为皇后的寝宫。清朝时为皇帝大婚时的洞房。康熙皇帝大婚时,太皇太后指定在坤宁宫行合卺礼。同治皇帝、光绪皇帝大婚礼,溥仪结婚婚礼都是在坤宁宫举行的。

东西六宫里的"故事画"

紫禁城的东六宫和西六宫,住着众多妃子。在中国古代,皇宫里这部分区域被称为"掖庭",因为它们的位置看起来就像皇宫的两掖一样。乾隆皇帝时期,每年腊月二十六到第二年的二月初二,这12座宫殿里都会各自张挂一幅"故事画",这是为什么呢?

原来,这些"故事画"是乾隆皇帝让画师们绘制的中国古代最贤惠的12位后妃的故事,称为《宫训图》。

比如,承乾宫张挂的是《徐妃直谏图》,讲述的是唐太宗李世民的妃子徐惠的故事。贞观末年,唐太宗李世民大兴土木为自己建筑奢华的宫殿,还不断派兵攻打少数民族,百姓们怨声载道,十分痛苦。有一天,徐惠见李世民时,就上疏说驻军辽海、讨伐昆丘等都是用老百姓的收成填补的军队窟窿,百姓容易动乱,翠微宫、玉华宫等也是劳民伤财,百姓不堪重负。

她对皇上说:"有德行的君王,以百姓安乐为安乐;没有德行的君王,以自己的快乐为快乐。""精雕细琢的珍宝玩物是丧失国家的刀斧,光彩夺目的珠宝玉器是侵蚀人心的毒药,这些虽然看着奢华美丽,但也要遏止这类需求。事业安泰时志向容易骄纵,时局安定时人容易放任自己。"唐太

清 焦秉贞《历朝贤后故事图册》局部

宗听后，觉得徐惠讲得很有道理，就重重赏赐了她。后世对徐惠的贤德也称颂不已。

再比如，景阳宫张挂的是《马后练衣图》，描绘的是东汉明帝马皇后自奉俭朴的事迹。马皇后是东汉光武帝伏波将军、新息侯马援的小女儿。她的父亲战死沙场，死后又遭诬陷，接着母亲也去世了，10岁的她像大人一样照顾全家，13岁的时候被选入太子宫。她性格谦恭和顺，对太子的母亲阴皇后细心服侍，对其他妃子真诚热情，宫里没有人不夸赞她。

后来，太子当了皇帝，她因为贤惠，毫无争议地被册立为皇后。当了皇后之后，她也没有变骄傲，坚持俭朴生活，待人和善，对自己家里人约束严格。她衣着非常朴素，"常衣大练，裙不加缘"，意思是常穿着白色的粗厚丝织品，不染颜色，裙子也不加彩边。初一及十五妃子们拜见时，见马皇后衣服稀疏粗糙，以为是新奇的绫绸绉纱之类，结果走近一看都笑了起来。马皇后借口说："这种丝织品特别适合染色，所以我才穿用它。"这些妃子听了之后没有不叹息的，都赞扬她的简朴，"马后练衣"的故事就这样流传开来。马皇后去世后谥号明德皇后，是历史上一位公认的令人敬仰的好皇后。

这12幅画其实就是皇帝对妃子们的美好期望，他想让妃子们向古人好好学习，成为贤良淑德的好妃子，让后宫变成和和美美的大家庭。

后妃们在宫里玩什么

清宫里的后妃们平时在宫里做什么、玩什么呢？她们每天都要早起去给长辈请安，平日里也要看书学习。作为一名妃子，做好家务活也是必不可少的本领，她们要会做女红。

难道后妃们每天只需要在自己的寝宫里缝缝补补吗？其实，后妃们还有许多别的工作。清朝初期，有不少部落的贵族都来大清朝联谊，为了尊重外来的宾客，皇帝便会带着作为"女主人"的后妃出宫迎接。皇帝通常还会为外来的宾客准备一桌丰盛的宴席，这时候，后妃们也要陪着宾客们聊天吃饭。

清 陈枚《月曼清游图册》局部

虽然后妃们有时很忙碌，但她们在休息的时间，也是有很多娱乐活动的。皇宫里的休闲生活有琴棋书画、豢养宠物、观赏戏剧、体育运动等，丰富多彩，充满乐趣。

看戏是后妃们必不可少的娱乐，在祭祀、庆典、宴会或者闲暇时，后妃们都能看戏。

在日常的休闲时间里，她们常常围成一团下围棋，来场激烈的博弈；又或者打打麻将，比拼运气和智慧。有好动的妃子还喜欢踢足球、荡秋千呢。

统治清朝的满族人本身就擅长射猎，就连看起来娇滴滴的后妃们也有好多都是厉害的"骑射手"呢。清朝初期，皇帝总爱带上家人到宫外狩猎，后妃们骑上奔驰的骏马，在围场里的表现丝毫不逊于男子。

1681年,康熙皇帝在承德设立了木兰围场,那里是宫里人打猎的好去处。此后,每年皇帝一家都会到木兰围场举办骑射大会。

后妃们还喜欢养宠物,光是慈禧太后一个人,就养了几十只小狗,而端庄的皇贵妃也抵不住小狗的"诱惑",养了9只。妃子们不但会带着小狗到花园里散步,还会命人为小狗制作漂亮的衣服和精致的生活用具呢。除此之外,活蹦乱跳的兔子、漂亮的鹿和长着翅膀的鸟儿也都是妃嫔的朋友。

清 陈枚《月曼清游图册》局部

东六宫

后三宫两侧排列着东西六宫,是后妃们居住休息的地方。东六宫指景仁宫、承乾宫、钟粹宫、景阳宫、永和宫、延禧宫。

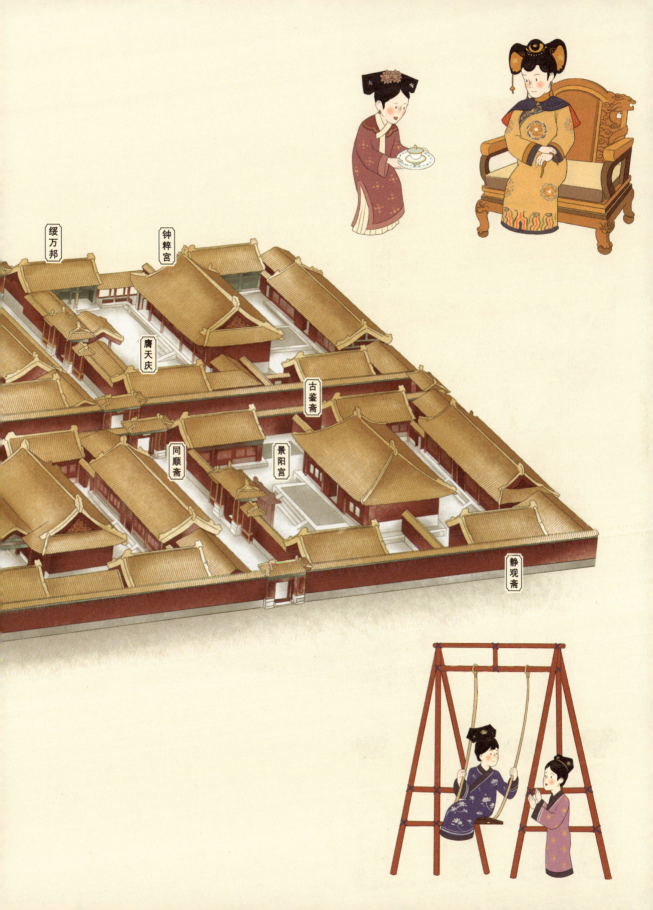

西六宫指永寿宫、翊坤宫、储秀宫、咸福宫、长春宫、太极殿（启祥宫）。

皇帝家戏楼里的秘密

清朝的皇帝和皇后妃子们都爱听戏，王公贵族们也都非常迷戏曲，特别是掌握实权的"老佛爷"慈禧太后，更是嗜戏如命。

为了听戏，慈禧太后让太监组织了一个"普天同庆科班"，还不断召皇宫外的戏班子到宫里来唱戏。慈禧太后过60岁生日的时候，把1/5的生日资金都花在了戏剧上，可见她有多喜欢听戏。

有一次，唱京剧的演员穆麻子在皇宫里演出，唱的剧目是《双钉记》。穆麻子扮演的是铁面无私的包拯，唱得正起劲时，慈禧太后突然大怒，命令立即停演，传旨将穆麻子杖责八十，即刻逐出宫外。

这可把所有的人都吓得目瞪口呆，谁也不知道慈禧太后为啥发这么大的脾气。后来人们才知道，原来《双钉记》唱词中有一句"最毒不过妇人心"，就是这句话让慈禧太后大为震怒，也为唱戏的人招来了横祸。

据说，慈禧太后13年中听了200多部戏。她不但是听众，还经常"客串"戏班的"导演"，对戏曲里人物的扮相、唱词、武打等，提出自己的要求。演员偶尔犯一点儿错，慈禧太后都会严厉地责罚他们。看来，给皇家唱戏真不容易啊！

节令戏

自乾隆年间开始，凡元旦、立春、中秋、重阳、冬至等节令，皇宫里都会上演相应的戏曲。例如立春演《早春朝贺》，七夕演《七襄报章》，中元节演《佛旨渡魔》，重阳节演《九华品菊》，而到了热闹的除夕，还会上演喜庆的《如愿迎新》等。

那么，这些演员都在哪里唱戏呢？唱戏，当然要在戏台上啦，故宫里就有好几处专门建造的戏台呢。

其中最大的一个戏台，位于宁寿宫后区东路南端，名叫畅音阁。一般戏台只有一层，畅音阁却有三层，足足有20多米高，上层戏台称福台，中层称禄台，下层称寿台，被称为"三重崇楼"。宫里逢年过节的时候，所有的大戏都在这里上演。

畅音阁的三层台之间设有天井，能上下贯通，禄台、福台井口安装带缆绳的辘轳，下边直对寿台地井。天井、地井可升降演员、道具，每当元旦、端午、七夕、中秋、重阳等节日，还有皇帝婚礼、生日等喜庆日子时，这里便会变成奇幻的世界。

戏台上不但有穿着华丽的演员，就连"神仙"也会唰啦一下"从天而降"般出现在戏台上，而"妖魔"也会从地下冒出脑袋，和"神仙"大战一番。当戏剧到了紧张的情节时，

清《平定台湾战图·清音阁演戏图》

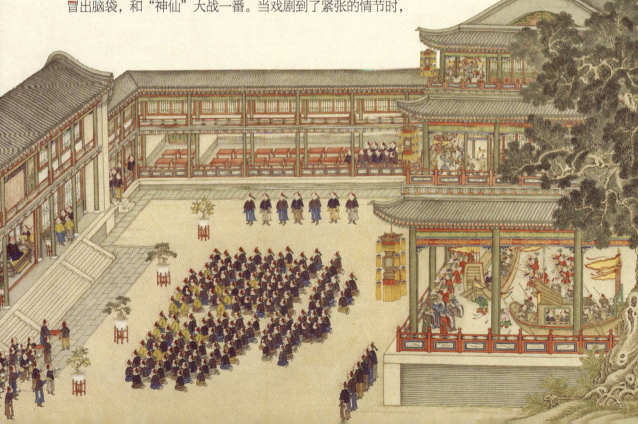

戏台上还会出现各种音效呢。

细心的小朋友可能会问，畅音阁那么高，古代又没有音响设备，演员唱戏的声音，皇帝和那些王公贵族们能听到吗？

这真是个好问题，但却难不倒古代聪明的工匠们。他们利用自然条件，打造了一种神奇的"音响设备"。

在寿台的地下室中，他们深挖了一口水井，然后在寿台的四角又各挖掘一口旱井。当演员唱戏时，声音汇聚在地下室，然后通过四角的旱井产生共鸣并放大。这样一来，就形成了一套天然的"音响系统"，在各个方向都能清晰地听到声音啦。

今天，畅音阁的舞台上已经没有人唱戏了，但来这里参观的人，看到当年的戏服和道具，脑海里一定会想象这里曾经热闹的景象。

一棵被皇帝"封侯"的树

在古代，当有人打了胜仗或者为国家做出了巨大的贡献时，会被皇帝赐封侯爵，那是无比尊贵的荣誉。可是你知道吗，御花园有一棵树也被"封侯"了，这是为什么呢？

乾隆皇帝有一次下江南的时候，天气酷热，他觉得十分难受。一天晚上，他在船上做了一个梦，梦见御花园里的一棵柏树也赶来江南了。原来这棵古树知道南方天气热，怕皇帝中暑生病，专门跑来站在皇帝身边为他遮荫纳凉。说来奇怪，做了这个梦之后，皇帝果然感觉凉爽了不少。他非常开心，也为这棵古树的忠心而感动。

回到京城之后，乾隆皇帝专门到御花园找那棵古树。功夫不负有心人，他在御花园堆秀山与摛藻堂之间，发现了一棵和梦里一模一样的树！其实这是一棵"身材瘦小"的柏树，与御花园其他的柏树相比，显得有些不起眼，但它可是皇宫里年龄最大的古树之一，也许比皇宫的年龄都大呢。

乾隆皇帝非常高兴，当场赐予这棵古树"遮荫侯"的称号，还为它写下了一首《御花园古柏行》的诗，并命人把这首诗刻在石碑上。虽然做梦的传说不一定可信，但这块石碑砌在御花园摛（chī）藻堂西侧的墙壁上，一直到今天还在呢！

御花园

御花园位于紫禁城中轴线上,坤宁宫后方,明代称为"宫后苑",清代称御花园。这里原为方便皇帝后妃休息、游赏建造,但也有祭祀、颐养、藏书、读书等用途。

钦安殿

御花园主体建筑钦安殿,前方及两侧建有20多座亭台楼阁,浮碧亭、澄瑞亭、万春亭和千秋亭最具特色。

御花园中奇石罗布，松、柏、竹点缀其间，四季常青，古柏藤萝有几百年历史，还有160多棵古树。山石盆景千奇百怪，绛雪轩有一木化石盆景，看上去像朽木，敲起来却能发出铿然之声，确为石质，非常珍贵。

御花园彩石路

御花园里的彩石路面由不同颜色的卵石精心铺砌而成，组成900余幅不同的图案，有人物、花卉、景物、戏剧、典故等，沿路观赏，别有趣味。

叁

小皇子们的世界

皇帝的家那么大，调皮的小皇子们会和爸爸妈妈住在一起吗？答案是很少。因为清代的皇子们，只有很小的时候能跟自己的妈妈一起住在东西六宫。他们一般会在10岁迁出后宫。

离开后宫后皇子们会住在哪里呢？他们一般居住在毓庆宫或更为偏远的南三所。再早的时候，他们住在乾西五所、乾东五所。

南三所位于外朝东路文华殿东北，1746年（乾隆十一年）在撷芳殿原址兴建，作为皇子居所。因为位于宁寿宫以南，故又称"南三所"，也称"阿哥所"或"所儿"，屋顶为绿琉璃瓦。

乾东五所

乾东五所位于内廷东路、千婴门以北，西临御花园，共五组建筑，分别称头所、二所、三所、四所和五所。清朝初期，这里是皇子们居住的地方。

乾西五所

乾西五所是内廷西六宫以北五座院落的统称，原为皇子的居所。乾隆皇帝即位后，将乾西二所改建为重华宫，头所改为漱芳斋并建戏台，三所改为重华宫厨房，而后拆建四、五所改建建福宫及花园，改变了乾西五所原有的规整格局。

小皇子们上学吗

每天凌晨五点，太阳公公还没出来上班呢，小皇子们便要起床，揉揉惺忪的眼睛，在太监的指引下去上书房了。小皇子这么早去上书房做什么呢？

原来，宫里的小皇子们也是要上学读书的。清宫规定，小皇子到了6岁便要开始正式上学读书。宫里专门让皇子皇孙读书的"皇子学校"，就叫上书房。

一坐到上书房的"教室"里，小皇子们便要开始摇晃着脑袋，跟着老师读四书、五经，他们还要学习好几种语言呢。因为当时的清皇室是满族人，小皇子们要学习满语、汉语和蒙古语。

清代的"皇家小学"只学习文化知识吗？那肯定不是啊，作为皇帝的子孙，一定要成为文武双全的大英雄。到了下午，小皇子们便要来到户外，学习骑马、射箭。直到下午三点或四点，小皇子们才能放学。

那到了周末，小皇子们可以像我们一样休息吗？可惜，在"皇家小学"里是没有周末的。小皇子们的假期只有春节、端午节、中秋节、皇帝的生日和小皇子自己的生日。所以说，当一个小皇子真是太辛苦了，他们在学校里的时间比在家里多多了。

上书房

上书房位于乾清宫东南角，日华门南。大名鼎鼎的乾隆皇帝、嘉庆皇帝、道光皇帝都是在这所"皇子学校"学习的，而且这所学校没有毕业制度，有些皇子要在这里上到20多岁呢。

小皇子可以逃课吗？当然不行了，要知道他们的爸爸可是全天下最威严的人。皇帝为了了解孩子们的学习情况，会亲自召见"皇家小学"的老师；更可怕的是，皇帝一高兴还可能会把小皇子叫到跟前当面考试，让他背书、作诗。这个时候，不但小皇子紧张，就连皇子的老师们也一个个吓得直冒汗，生怕皇帝不满意，丢了饭碗不说，说不定还要受到惩罚呢。

看来当小皇子不容易，当小皇子的老师也不容易啊。那么不用继承皇位的小公主们是不是就不用上学了呢？

的确，小公主并不需要每天到"皇家小学"上课，但小公主一样需要学习。宫里有文化的女官会亲自来教小公主们。小公主除了要学习女性应有的品德，还要学习女红，也就是刺绣、缝纫等技术活。不过，做一个小公主的压力可就没有那么大了。

上书房师傅

上书房师傅，又称尚书房师傅，是清代教习皇子、皇孙读书的人员。上书房师傅通常由优秀的翰林官担任，教习皇室子弟国史、圣训、经籍、诗词及满、汉文字等内容。皇帝一般会指定两到三名大臣担任总师傅，总领督学。

皇子们在这里练习武艺

清朝是一个崇尚武力的朝代，弓马骑射是满族的传统习俗。清朝的皇帝们担心后辈不努力练习武艺，专门建造了一座叫"箭亭"的建筑，这可是皇子们射箭骑马、练习武艺的好地方。

箭亭的宫殿当中设有宝座，宝座东面有一座刻有《训守冠服骑射》的卧碑，这是乾隆御制的石碑，上面刻录着清太宗皇太极训诫满洲贵族的谕旨，要求清朝贵族衣服语言保留祖先的传统，时常练习骑射技术。

清朝的皇帝们为什么那么重视子孙的武艺练习呢？原来，随着清军入关统治天下，有些皇室子孙和八旗子弟渐渐变得懒散起来，荒废了骑射传统。1746年，乾隆皇帝在校场阅看士兵演练，竟然发现他们弓马软弱，步射的技术生疏，箭射得没什么准头，他非常生气。乾隆担心满洲贵族安于享乐，于是严格要求他们按祖先要求练习武艺。后来，他的儿子嘉庆皇帝又在箭亭殿内西侧立了一块石碑，再次告诫子孙要保持满族的传统。

它的名字叫"亭"，但它可不是一座好看的亭子，而是一座独立的宫殿，由20根朱漆大柱承托屋顶。这里是清代皇帝和他的皇子们练习骑马射箭的地方。在他们练习射箭的时候，

箭亭前的广场上会摆上箭靶，这座宫殿的前后8扇大门也会全部打开，皇帝和皇子们就站在亭中开弓射箭，列队武士擂鼓助威，十分热闹。

箭亭还是殿试武进士的考场。清朝科举考试分为文举和武科，武科就是选择那些勇猛的人，培养他们担任武官。文举殿试一般在保和殿举行，而比赛功夫的热热闹闹的武科殿试，就在箭亭的广场上举行。

那些想考取武状元的勇士们，也是从童试、乡试、会试层层选拔出来的，他们要在箭亭前面的广场上比试"弓刀石"等项目。殿试是武科中级别最高的考试，由皇帝亲自监考，成绩公布后，要在太和殿唱名，在西长安街外挂榜，按名次排序，一甲前三名分别称武状元、武榜眼、武探花。武状元可以披红挂彩，上街夸官，非常吸引眼球。

清朝有规定，一些王公大臣从东华门进宫时，一律须在箭亭前面下马。箭亭周围的空旷的地方，也是当时拴马匹的所在。

箭亭

位于故宫东部景运门外、奉先殿南侧，建造于1730年（清雍正八年），是清代皇帝及其子孙练习骑马射箭的地方。

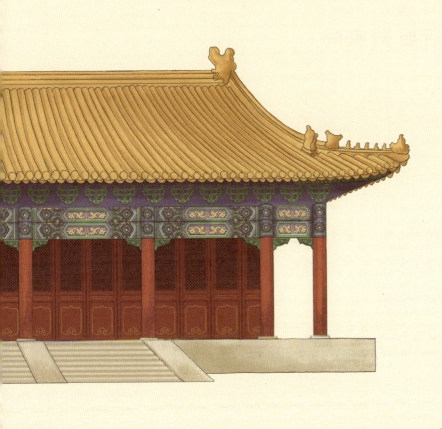

皇子们长大后要搬家吗

虽然皇宫很大很大，皇子们也不允许一直在皇宫里住下去，他们10岁左右会迁出后宫，去毓庆宫或南三所居住，再长大一些还要搬到皇宫外居住呢！

皇子们搬家的年纪并没有统一的规定，一般来说，当小皇子变成了大人，受封亲王之后，就要搬出皇宫。这时，大臣们便会为皇子选择一个搬家的好日子，让皇子们搬到新家。皇子们要么住进新建的王府，要么住进原来就存在的王公府邸。最棒的是，内务府的官员会把"大房子"装修得漂漂亮亮，等皇子来的时候，一定能够舒舒服服地入住。

皇子们搬到了宫外，难道他们就要开始"自力更生"，自己做饭、洗碗、做家务吗？不是的。虽然皇子们到了宫外，但他们依然能够过着舒服的生活。这是因为皇子搬家时，一群太监、园丁、厨师、护卫也会跟着搬到皇子的新家，他们会继续为皇子做饭、洗衣服，照顾皇子的生活起居。

除了这一大堆人，皇子们在搬家的时候还能得到由皇帝送出的"搬家大礼包"呢。"搬家大礼包"不仅有金银珠宝、实用的生活用品、衣服，还有能够帮忙劳动的牲畜等，如果皇子们看见这些礼物，应该会笑出声来吧。但皇子们也从来不用亲自管理这些金银财宝，因为内务府的官员会帮助他们管理这些财物的，皇子们只要安心入住新家就可以了。

写给孩子的话

　　这片红房子是世界建筑艺术史上独一无二的经典之作，更是全人类共同的历史文化遗产。红房子是"活"起来的中华文化。

　　在这片红房子里，小朋友能直观地观察到建筑的宏伟与精巧，能深深地感受到中华文化的博大与精深。它跨越600年时空，收集了无数精彩的历史瞬间和皇宫里的悲喜人生，默默给我们讲述着古老的故事。

　　这片红房子很大很美，也很古老，合上这本书，让我们真正踏进故宫的大门，去寻找一个又一个不一样的故事，从这里亲近历史，接受传统文化的滋养，去拥抱更宽广的世界。